RÈGLEMENT PARTICULIER

DE LA

COMPAGNIE

DES AGENTS DE CHANGE

DE PARIS

PARIS

CHAMBRE SYNDICALE DES AGENTS DE CHANGE

6, rue Ménars

1891

RÈGLEMENT PARTICULIER

DE LA

COMPAGNIE DES AGENTS DE CHANGE

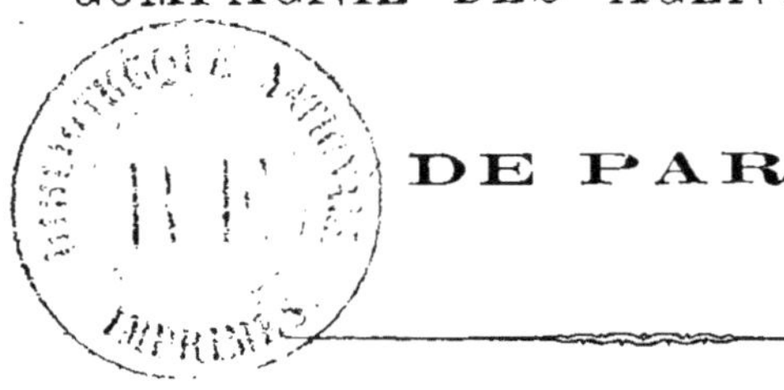

DE PARIS

Vu l'article 82 du décret du 7 octobre 1890, portant qu'il sera statué par des Règlements particuliers délibérés par les Compagnies d'Agents de change, homologués, suivant les cas, par le Ministre des finances ou par le Ministre du commerce et de l'industrie, et publiés au *Journal officiel,* sur les points spécifiés aux articles 26, 29, 31, 35, 43, 47, 50, 51, 52, 53, 56, 60, 63, 64, 65, 77 et 80, ainsi que sur les conditions d'exécution des marchés non réglées par le présent décret,

La Compagnie des Agents de change de Paris, réunie en Assemblée générale, arrête les dispositions suivantes :

TITRE Ier

Organisation de la Compagnie

CHAPITRE Ier

Caisse commune (1)

ART. 1er.

La Caisse commune comprend :

1° Un fonds commun alimenté par les recettes ci-après détaillées :

Premièrement. Une partie des courtages acquis par chaque Agent de change sur les négociations dont il est chargé ;

Deuxièmement. Le prix des carnets à l'usage des Agents de change et des commis principaux ;

Troisièmement. Les produits éventuels, tels que droits de rachats et de reventes d'office, taxes de réception, certifications de cours, etc., etc.;

Les tarifs des prélèvements divers énumérés ci-dessus sont déterminés par les délibérations de la Compagnie ;

Quatrièmement. Le produit des valeurs mobilières et immobilières appartenant à la Compagnie ;

Cinquièmement. Le produit des courtages du service des Trésoreries générales.

---

(1) Art. 26 du décret du 7 octobre 1890.

2° Un fonds spécial de garantie pour parer aux responsabilités pouvant incomber à la Chambre syndicale, du chef des opérations d'achat et de vente de Rentes françaises et autres valeurs du Trésor, qui se font par l'entremise des Trésoriers-payeurs généraux, et qui sont concentrées à la Chambre syndicale et effectuées par ses soins.

Dans le cas où ce fonds de réserve viendrait à être entamé, il serait complété le plus tôt possible suivant le mode fixé par délibération de la Compagnie.

3° Un fonds de réserve au compte de chaque Agent de change (l'importance de ce fonds est fixée par la Compagnie réunie en Assemblée générale).

Art. 2.

Les bénéfices de la Caisse commune sont répartis entre les Agents de change dans la proportion de 1/60° par charge.

Art. 3.

Les recettes de la Caisse commune sont encaissées contre des reçus signés par le Syndic.

Les dépenses sont payées sur ses ordonnancements.

Il peut aussi, mais avec l'autorisation de la Chambre syndicale, acquérir et aliéner toutes valeurs mobilières, consentir toutes transactions, tous compromis ou désistements, toutes mainlevées et radiations, même à titre gratuit.

Il peut également, mais avec l'autorisation de la Compagnie réunie en assemblée générale, contracter tous emprunts, acquérir tous immeubles, les vendre, échanger ou hypothéquer.

Il peut enfin constituer des mandataires pour un ou plusieurs objets déterminés, et par des mandats spéciaux.

Art. 4.

La Chambre syndicale peut toujours mettre à la disposition d'un Agent de change sa part de la réserve pour un délai qui ne peut excéder six mois.

Art. 5.

Lorsque la Chambre syndicale ou la majorité de la Compagnie propose de disposer de tout ou partie du fonds commun, cette proposition, pour être convertie en résolution de la Compagnie et devenir par là obligatoire pour chacun de ses membres, doit obtenir en assemblée générale les suffrages, recueillis au scrutin secret, des deux tiers des membres présents à la séance.

Art. 6.

Par exception, la Chambre syndicale peut, lorsqu'elle le juge convenable, et sans en référer préalablement à la Compagnie, faire faire par la Caisse commune, aux Agents de change qui en font la demande : 1° une avance de fonds égale à l'importance de la portion du cautionnement sur laquelle il aura été conféré à la Compagnie, soit le privilège de bailleur de fonds, soit un transport en garantie ; — 2° une avance de 100,000 fr. à valoir sur le prix de la charge.

Lesdites avances ne peuvent être faites que pour six mois.

Art. 7.

L'Agent de change qui se trouve dans la situation prévue par l'art. 56 du décret du 7 octobre 1890 cesse, par ce fait, d'avoir droit aux répartitions de la Caisse commune à partir du jour spécifié au même article. Son compte est réglé et arrêté ; il ne concourt plus, dès lors, aux dispositions qui sont faites sur le fonds commun.

Art. 8.

Toutes les fois qu'il se produit une mutation de titulaire ou de bailleurs de fonds, la Chambre syndicale fait l'évaluation du fonds de réserve et de la part des bénéfices réalisés.

Art. 9.

Le montant de cette évaluation est remboursé par le nouveau titulaire à l'Agent de change démissionnaire ou à ses ayants-droit, qui ne conservent aucun intérêt dans l'actif de la Caisse commune.

Si l'Agent de change démissionnaire a cessé ses fonctions et reçu sa part de la réserve, le nouveau titulaire effectue son versement dans la caisse de la Compagnie.

Ce versement ne peut, en aucun cas, être inférieur au montant du fonds de réserve tel qu'il est déterminé conformément au dernier paragraphe de l'art. 1ᵉʳ.

ART. 10.

Dans le cas où, par suite d'une disposition de la Compagnie, le compte de réserve serait réduit à une somme inférieure à celle fixée, il serait reconstitué, dans le plus bref délai possible, par les voies et moyens arrêtés par la Compagnie réunie en assemblée générale.

ART. 11.

Il est institué près la Caisse commune une commission de surveillance dite : *Commission de comptabilité*.

ART. 12.

Elle est présidée par un adjoint au Syndic, et composée de trois Agents de change qui sont nommés par l'Assemblée générale, au scrutin de liste, pour un an, en dehors du Syndic et des Adjoints ; l'un d'entre eux doit être renouvelé chaque année.

Art. 13.

Cette commission doit veiller à la stricte observation des statuts de la Caisse commune.

Elle est chargée, en outre, de la vérification des
écritures, de la caisse et du portefeuille.

Art. 14.

Elle se réunit aussi souvent qu'elle le juge
nécessaire, et au moins une fois chaque mois.

Elle a le droit de déléguer un ou plusieurs de
ses membres pour faire telles vérifications qu'elle
juge opportunes.

Tous les livres de comptabilité, ainsi que toutes
les pièces de caisse sont mis à sa disposition.

Elle consigne, dans un procès-verbal, le résultat
de ses vérifications et y joint ses observations.

Art. 15.

Au 10 novembre de chaque année, le Syndic
vérifie les encaisses et fait dresser un état de toutes
les valeurs, tant actives que passives, de la Caisse
commune.

Il est établi un compte de la gestion de la
Caisse commune, depuis le 10 novembre précé-
dent, faisant ressortir les valeurs en caisse et en
portefeuille et le détail des opérations faites pendant l'année écoulée.

Ces comptes sont annexés à un rapport que
la Commission de comptabilité est chargée de

présenter à la Compagnie dans son assemblée générale du mois de décembre, au sujet de l'administration de la Caisse commune pendant l'année écoulée.

ART. 16.

La surveillance de la Caisse commune étant attribuée à une commission spéciale, tout droit de vérification et de contrôle individuel est interdit aux membres de la Compagnie.

CHAPITRE II

Adjoints de service (1)

ART. 17.

La Chambre syndicale délègue chaque mois, sous le nom d'adjoints de service, deux adjoints au Syndic qui doivent veiller à l'observation des règlements et au maintien de l'ordre dans la Compagnie ; toutes les difficultés entre Agents de change qui auraient besoin d'une prompte solution peuvent leur être soumises.

Ils sont chargés de présider à la rédaction et à la vérification de la Cote des cours des valeurs, de faire le service des Trésoreries générales, d'opérer les reventes et rachats officiels, et de fixer les cours de compensation.

Un troisième adjoint préside la Commission de comptabilité.

____

(1) Art. 29 du décret du 7 octobre 1890.

CHAPITRE III
Assemblées générales

ART. 18 (1).

En dehors de l'Assemblée générale de fin d'année et des Assemblées réunies dans les cas prévus par l'art 31 du décret du 7 octobre 1890, la Compagnie est convoquée :

1° Pour l'installation d'un nouvel Agent de change ;

2° Pour délibérer sur les modifications à apporter aux règlements ;

3° Toutes les fois que la Chambre syndicale aura à la consulter, soit sur des questions graves pouvant l'intéresser, soit pour se conformer à des prescriptions de ses règlements.

CHAPITRE IV
Auxiliaires des Agents de change

ART. 19.

L'Agent de change qui constitue un ou plusieurs fondés de pouvoirs chargés d'agir, soit collectivement, soit séparément, doit déposer à la Chambre syndicale une expédition de la procuration portant en marge la signature du ou des fondés de pouvoirs. Il doit, en outre, adresser à tous les Agents de change une circulaire leur faisant connaître la procuration donnée et la signature du ou des fondés de pouvoirs.

---

(1) Art. 31 du décret du 7 octobre 1890.

Art. 20 (1).

Les Agents de change sont autorisés à s'adjoindre des commis principaux dont le nombre ne peut être supérieur à quatre.

Art. 21.

Nul ne peut être commis principal s'il n'est Français, et s'il n'a 25 ans accomplis.

Art. 22.

La liste des commis principaux est affichée dans l'intérieur de la Bourse et dans le cabinet de la Compagnie.

Art. 23.

Les commis principaux tiennent un carnet dont le dépouillement se fait chaque jour, après la clôture des opérations, dans les bureaux et sur les livres de l'Agent de change.

Ce carnet est distribué par la Chambre syndicale, sur la demande de l'Agent de change.

Art. 24.

Les nominations, suspensions et révocations de fondés de pouvoirs et de commis principaux doivent être portées à la connaissance de la Compagnie.

---

(1) Art. 35 du décret du 7 octobre 1890.

TITRE II

Négociations, Livraisons et Paiements

CHAPITRE Ier

Dispositions générales.

Art. 25 (1).

Toutes valeurs autres que celles essentiellement nominatives se négocient, entre Agents de change, en titres au porteur, à l'exception des Rentes françaises.

Art. 26.

Le donneur d'ordre a toujours le droit d'exiger un bordereau.

Art. 27.

Au point de vue de l'état matériel des titres, toute réclamation entre Agents de change, relative à une livraison résultant de négociations au comptant, doit être faite le jour même.

Pour les livraisons en liquidation, la réclamation peut être faite pendant toute la journée du lendemain.

---

(1) Art. 47 du décret du 7 octobre 1890.

Art. 28.

Les Agents de change peuvent refuser les livraisons partielles, sauf pour les valeurs qui se trouvent dans un des cas prévus à l'article 51 du décret du 7 octobre 1890.

Art. 29 (1).

Pour les valeurs qui se négocient seulement au comptant, le détachement du coupon en bourse s'effectue le jour de sa mise en paiement.

Pour les valeurs qui se négocient à terme, les fonds d'Etat français exceptés, lorsque l'échéance du coupon coïncide, soit avec le jour de la réponse des primes, soit avec l'un des jours de la liquidation, le détachement a lieu le dernier jour de cette liquidation.

Il s'effectue, au contraire, le jour de l'échéance, lorsque la mise en paiement commence entre deux liquidations.

Art. 30.

A chaque détachement de coupon des effets pour lesquels le change est variable, la Chambre syndicale fixe le prix auquel les coupons doivent être calculés, en prenant pour base le cours moyen du change pendant les huit jours de bourse qui ont précédé l'échéance.

Cette fixation une fois arrêtée, un avis signé par

---

1) Art. 50 du décret du 7 octobre 1890.

le Syndic et indiquant le prix ainsi fixé est affiché dans le cabinet de la Compagnie et dans l'intérieur de la Bourse.

ART. 31.

Sauf l'autorisation de la Chambre syndicale, aucun titre ne peut circuler, s'il n'est muni d'un coupon au moins.

ART. 32.

Le coupon échu demeuré impayé doit rester attaché au titre, à moins de décision contraire de la Chambre syndicale.

ART. 33.

Les titres dont un ou plusieurs coupons portent des numéros différents de celui du titre auquel ils sont attachés peuvent être refusés par l'acheteur.

ART. 34.

Si, dans une livraison de valeurs françaises, le premier coupon à échoir a été détaché, il peut être, mais seulement pendant le mois qui précède l'échéance, remplacé par sa valeur en espèces, impôt déduit ou non déduit, suivant les règles établies par les articles ci-après.

ART. 35.

Le vendeur, qui, d'après les dispositions du règlement, aurait dû livrer au plus tard avant la dernière bourse qui précède le paiement du coupon, et qui ne livre qu'après la mise en paiement de ce coupon, doit payer le montant du coupon du titre nominatif.

Art. 36.

Le vendeur, qui, d'après les mêmes dispositions, avait le droit de ne livrer qu'après la mise en paiement du coupon, peut livrer, soit le coupon en nature, soit le montant en espèces du coupon du titre au porteur.

Art. 37.

Les titres de valeurs étrangères peuvent être refusés s'ils ne sont pas munis de leur coupon en nature.

Art. 38 (1).

Le paiement doit être fait par l'Agent de change acheteur contre la remise des titres, soit au porteur, soit transférés au nom de l'acheteur, alors même que ces titres seraient livrés avant l'expiration des délais règlementaires.

A défaut de paiement contre la présentation des titres, la revente peut en être faite le jour même,

---

(1) Art. 53 du décret du 7 octobre 1890.

sans affiche, par le Syndic ou un Adjoint de service, à la requête de l'Agent de change vendeur.

Art. 39.

La livraison des titres résultant d'un rachat officiel doit être faite dans les 24 heures pour les titres au porteur.

S'il s'agit de titres nominatifs, ces titres transférés doivent être livrés à l'Agent de change acheteur au plus tard avant la septième bourse qui suit celle du rachat.

Art. 40.

Les délais résultant de la combinaison des articles 39, 47, 61 et 62 du présent règlement doivent être étendus d'un jour quand il s'agit de livraison ou de paiement réclamés à l'Agent de change par le donneur d'ordre.

Art. 41 (1).

Lorsqu'un Agent de change, par suite d'embarras dans ses affaires, est forcé de quitter le Parquet, le Syndic en avise immédiatement la Chambre syndicale et la Compagnie, et demande à tous les Agents de change qui ont contracté avec le confrère embarrassé d'envoyer à la Chambre syndicale le relevé de la position dudit confrère chez eux.

Ils doivent liquider, sans retard, toutes les

___

(1) Art. 56 du décret du 7 octobre 1890.

affaires engagées, soit à terme ferme, soit au comptant, et les écritures sont passées au cours moyen, à terme ou au comptant, du jour déterminé par le décret du 7 octobre 1890.

Si l'Agent de change défaillant est acheteur de primes, on revend des primes de même nature. Ces opérations de revente sont passées au cours moyen du jour des primes de même nature et de même échéance, à la condition, toutefois, que la revente ainsi passée ne soit pas inférieure comme cours aux opérations primitives diminuées du montant de la prime. Toutes les primes dont l'Agent de change défaillant est acheteur, et qui ne se trouvent pas revendues, suivant la règle posée ci-dessus, sont abandonnées par lui. Pour les primes revendues, au contraire, la réponse s'effectue à leurs échéances respectives.

Si l'Agent de change défaillant est vendeur de primes, on rachète des primes de même nature et pour les mêmes échéances. Ces opérations sont passées au cours moyen de la cote des primes de ce jour, et la réponse s'effectue aux diverses échéances des opérations.

Si, lors des réponses des primes, dans les hypothèses prévues aux deux paragraphes précédents, partie des primes se trouve levée et partie abandonnée, les opérations ainsi consolidées doivent être liquidées par une opération ferme en sens contraire, et ces opérations sont passées au cours moyen du ferme.

CHAPITRE II

Marchés au comptant

ART. 42 (1).

Les effets au porteur ou transmissibles par voie d'endossement, négociés au comptant, doivent être livrés par l'Agent vendeur avant la cinquième bourse qui suit celle de la négociation.

Ce délai expiré, l'Agent acheteur peut afficher son vendeur. L'affiche restera apposée pendant trois bourses pleines. A la quatrième bourse qui suit celle de l'affiche, il est procédé au rachat officiel.

ART. 43.

Les fonds provenant de la vente d'effets au porteur ou transmissibles par voie d'endossement doivent, quand les titres sont livrés au porteur ou dûment endossés, être à la disposition du donneur d'ordre dès le surlendemain du jour de la négociation, ou, s'ils n'ont été livrés qu'après cette négociation, dès le surlendemain du jour où ils ont été remis à l'Agent de change.

Les titres provenant de l'achat d'effets au porteur ou transmissibles par voie d'endossement doivent être à la disposition du donneur d'ordre dès le lendemain de la livraison à l'Agent acheteur et, au plus tard, le jour de la huitième bourse qui suit celle où la négociation a été faite.

---

(1) Art. 52 du décret du 7 octobre 1890.

Ces délais expirés, les donneurs d'ordre peuvent recourir aux mesures prévues à l'art. 55 du décret du 7 octobre 1890.

Art. 44.

La négociation des effets transmissibles par voie de transfert est soumise aux règles ci-après :

L'Agent de change acheteur d'effets soumis au transfert donne au vendeur, avant la cinquième bourse qui suit celle où leur négociation a été faite, un bulletin indiquant les noms et prénoms auxquels le transfert doit être fait, ou les acceptations dans le cas où elles seraient nécessaires.

Si les noms, prénoms ou acceptations n'ont pas été remis dans ces délais, le vendeur est en droit de déposer les titres et la feuille de transfert, signée et remplie au nom de son confrère acheteur, à la Chambre syndicale, qui requiert de ce dernier la remise immédiate des noms ou d'une acceptation au cas où elle serait nécessaire.

La feuille d'acceptation doit être remise dans les vingt-quatre heures à la Chambre syndicale, qui fait procéder d'office au transfert et exige le montant de la négociation, sauf à l'Agent de change acheteur à prendre les mesures et à exercer les recours prévus par l'art. 49 du décret du 7 octobre 1890.

Art. 45.

Le transfert s'opère par les soins de l'Agent de change vendeur.

Il doit être déposé, au plus tard, le surlendemain du jour de la remise des noms ou acceptations, et les titres doivent être livrés à l'Agent acheteur le lendemain de la consommation du transfert.

A la douzième bourse qui suit celle de la négociation, l'Agent de change acheteur peut afficher son confrère vendeur. Le rachat doit avoir lieu à la quatrième bourse qui suit l'apposition de l'affiche, et, s'il y a eu remise d'une acceptation, elle doit être restituée par l'Agent de change racheté, à ses risques et périls.

Ces délais sont prolongés de huit jours, en ce qui concerne les actions de Compagnies d'assurances dont les nouveaux titulaires doivent, aux termes des statuts, être agréés par le Conseil d'administration.

Dans le cas de transfert d'ordre, l'Agent de change vendeur doit remettre à son confrère acheteur les titres inscrits provisoirement au nom de celui-ci au plus tard le troisième jour du transfert d'ordre. Toute infraction à cette prescription est soumise à la Chambre syndicale, qui peut imposer à l'Agent de change vendeur un versement de garantie.

Art. 46.

Les fonds provenant de la vente d'effets transmissibles par voie de transfert doivent être à la disposition du donneur d'ordre dès le surlendemain de la consommation du transfert.

Les titres provenant de l'achat d'effets transmissibles par voie de transfert doivent, à moins qu'il ne s'agisse d'Actions de Compagnies d'assurances pour lesquelles un délai supplémentaire de huit jours est accordé, être à la disposition du donneur d'ordre dès le lendemain de la livraison à l'Agent acheteur, et, au plus tard, le jour de la quinzième bourse qui suit celle de la négociation.

Passé ces délais, les donneurs d'ordre peuvent recourir aux mesures prévues à l'art. 55 du décret du 7 octobre 1890.

Art. 47 (1).

Les valeurs au porteur amortissables par voie de tirage au sort négociées dans les cinq bourses qui précèdent le jour du tirage ne sont livrables qu'après tirage.

Les valeurs nominatives négociées dans les sept bourses qui précèdent le tirage ne sont transférables qu'après tirage.

Les valeurs dont la possession comporterait, soit un avantage particulier, soit une charge déterminée, et qui seraient négociées dans les cinq ou sept bourses qui précèdent la date annoncée comme devant être celle de la clôture de l'opération, ne sont livrables ou transférables qu'après cette date.

---

(1) Art. 51 du décret du 7 octobre 1890.

Il est toutefois permis, dans tous les cas ci-dessus, de traiter, durant ces délais, suivant conventions particulières (1).

ART. 48.

Les livraisons de valeurs soumises à un tirage doivent être faites par les Agents de change entre eux, au plus tard, la veille du tirage, avant une heure.

A défaut des titres, les Agents de change peuvent fournir leurs numéros dûment certifiés.

L'Agent de change doit, la veille du tirage au plus tard, adresser au donneur d'ordre soit les titres achetés pour son compte, soit les numéros des titres qui lui ont été attribués.

Les livraisons de valeurs soumises à un tirage doivent être faites par le donneur d'ordre à la caisse de l'Agent de change, au plus tard, la veille du tirage, avant dix heures du matin.

CHAPITRE III

Marchés à terme

SECTION I.

Négociations.

ART. 49.

Les négociations à terme ferme se liquident une ou deux fois par mois, suivant les valeurs, aux

---

(1) Voir art. 40.

dates et de la manière fixées par le présent règlement.

La Compagnie désigne, sur la proposition de la Chambre syndicale les valeurs qui sont soumises à une seule liquidation par mois et celles qui sont soumises à la double liquidation mensuelle.

Art. 5o (1).

Les négociations à terme ferme ne peuvent avoir lieu pour un terme plus éloigné que la deuxième liquidation à partir du jour où le marché est conclu.

Art. 51.

Les négociations à primes peuvent se traiter pour la quinzaine ou la fin de chaque mois, sans pouvoir dépasser le terme de la troisième liquidation à partir du jour où le marché est conclu en ce qui concerne les valeurs soumises à la liquidation de quinzaine, et de la deuxième liquidation à partir du jour où le marché est conclu en ce qui concerne les valeurs soumises à la liquidation mensuelle.

Art. 52 (2).

Le dernier jour de bourse qui précède chaque liquidation, à une heure et demie, les Agents de

---

(1) Art. 60 du décret du 7 octobre 1890.
(2) Art. 64 du décret du 7 octobre 1890.

change doivent se déclarer réciproquement si les opérations à primes deviennent des marchés fermes ou si la prime est simplement payée.

Art. 53 (1).

Les marchés à terme se traitent par :

2500	Rente	5 %	
2250	d°	4 1/2 %	et les multiples.
2000	d°	4 %	
1500	d°	3 %	

25 Actions ou Obligations françaises.

Quant aux valeurs étrangères, la Chambre syndicale détermine les quotités et les multiples de négociation.

Art. 54.

En ce qui concerne les valeurs amortissables par voie de tirage au sort, si le tirage doit s'effectuer le jour de la liquidation, après la livraison des titres à la Chambre syndicale, l'inscription des titres sur les livres de l'Agent de change immédiatement après la livraison faite par la Chambre syndicale mettra en possession régulière de ces titres le donneur d'ordre qui aura le droit de se faire remettre immédiatement, dûment certifiés, les numéros qui lui ont été attribués. Dans le cas où il n'userait pas de cette faculté, ces numéros devront lui être adressés le jour même de la clôture de la liquidation.

---

(1) Art. 60 du décret du 7 octobre 1890.

Si le tirage doit s'effectuer le lendemain ou les jours suivants, l'Agent de change doit, le jour de la livraison, ou, dans tous les cas, la veille du tirage, adresser au donneur d'ordre, à défaut des titres eux-mêmes, les numéros de ces titres.

En ce qui concerne les valeurs dont la possession viendrait à comporter, soit un avantage particulier, soit une charge déterminée, la Chambre syndicale fixera, à partir du jour où l'opération aura été annoncée, les conditions dans lesquelles se feront les négociations au point de vue de la livraison des titres.

SECTION II

Escomptes.

Art. 55 (1).

L'Agent de change acheteur qui, aux termes de l'article 63 du décret du 7 octobre 1890, exerce la faculté d'escompte, en prévient son vendeur avant l'ouverture de la Bourse, au moyen d'une affiche visée par le Syndic ou l'un de ses adjoints, et apposée sur un tableau placé dans le cabinet de la Compagnie. Cette affiche détermine la nature, le prix, la quotité des effets et la date de négociation.

Elle doit être conforme au modèle arrêté par la Chambre syndicale, sous peine de refus de visa.

---

(1) Art. 63 du décret du 7 octobre 1890.

L'escompteur doit être nanti des fonds destinés au paiement des effets escomptés. Il en verse le montant à la Caisse commune, qui lui en délivre récépissé et le porte à son crédit à un compte spécial.

Le visa n'est donné que sur la production du récépissé, accompagné, s'il y a lieu, des feuilles d'acceptation pour les valeurs transmissibles par voie de transfert nécessitant l'acceptation de l'acheteur.

L'escompte peut avoir lieu dès la quatrième bourse qui suit celle de la liquidation des valeurs

Art. 56.

L'escompte affiché peut se transmettre d'Agent à Agent par les fractions les plus minimes autorisées pour les marchés à terme. Cette circulation dure jusqu'à deux heures et demie.

Art. 57.

L'escompte par affiche est qualifié de direct pour le premier escompté ; il devient indirect pour les escomptés subséquents.

Art. 58.

Toute compensation acceptée pendant la bourse comporte la faculté d'escompte indirect le jour même.

Art. 59.

L'Agent de change qui, par suite de la circulation établie aux articles 56 et 57, se trouve être l'escompté définitif, opère à l'égard de l'escompteur la livraison des effets dans les délais prévus à l'article 62.

Art. 60.

Le paiement des effets escomptés se fait au moyen d'un chèque tiré par l'escompteur sur la Caisse commune, au profit de l'Agent de change qui opère la livraison ; il doit être accompagné du récépissé et emporte quittance des fonds figurant au crédit du compte spécial de l'Agent de change escompteur.

Art. 61.

Les différences résultant de la transmission des escomptes sont exigibles dès le lendemain de l'affiche, avant la Bourse (1).

Art. 62.

Les effets escomptés, tant au porteur que transmissibles par voie de transfert, doivent être livrés dans les délais ci-aprés :

A la cinquième bourse, au plus tard, à partir de celle de l'escompte, pour les effets au porteur ou transmissibles par voie de transfert sans nécessité d'acceptation ;

A la septième bourse, au plus tard, à partir de

---

(1) Voir art. 40.

celle de l'escompte, pour les effets transmissibles par voie de transfert nécessitant l'acceptation de l'acheteur.

A la sixième bourse, ou à la huitième bourse, suivant les cas, l'escompté peut être affiché et le rachat peut avoir lieu à la bourse suivante par les soins de l'Adjoint de service, pour le compte et aux risques de l'escompté.

Art. 63.

Dans les escomptes d'effets sur lesquels les coupons ont été détachés depuis la négociation, le montant de ces coupons doit être déduit du chiffre sur lequel se règle l'opération.

Art. 64.

Pour avoir droit au bénéfice d'un tirage, souscription ou avantage quelconque, l'escompteur doit avoir affiché son escompté, au plus tard :

1° A la sixième bourse qui précède le jour du tirage, clôture de souscription, etc., lorsqu'il s'agit d'effets au porteur ou transmissibles par voie d'endossement;

2° A la huitième bourse qui précède le jour du tirage, clôture de souscription, etc., lorsqu'il s'agit d'effets transmissibles uniquement par voie de transfert.

SECTION III

Liquidations centrales.

ART. 65 (1).

La liquidation ou compensation des affaires engagées à terme se fait deux fois par mois.

La liquidation de fin de mois dure cinq jours.

La liquidation de quinzaine dure quatre jours.

Liquidation de fin de mois

A la première bourse du mois : liquidation de tous les fonds d'Etat français.

A la deuxième : liquidation de toutes les autres valeurs.

Le cinquième jour de la liquidation, la remise des effets et le paiement des capitaux entre Agents de change s'opèrent par l'intermédiaire de la Chambre syndicale.

Liquidation de quinzaine

A la première bourse qui suit le 15 : liquidation de toutes les valeurs soumises à la double liquidation mensuelle.

Le quatrième jour de la liquidation, la remise des effets et le paiement des capitaux entre Agents

---

(1) Art. 65 du décret du 7 octobre 1890.

de change s'opèrent par l'intermédiaire de la Chambre syndicale.

ART. 66.

L'Agent de change doit tenir à la disposition du donneur d'ordre, dès le lendemain de la clôture de la liquidation, soit les fonds, soit les titres, s'il s'agit de titres se négociant au porteur.

En ce qui concerne les titres qui ne se négocient que nominatifs, ils doivent être à la disposition du donneur d'ordre le jour de la quatrième bourse qui suit la clôture de la liquidation.

ART. 67.

Le donneur d'ordre, dont le compte est créditeur en liquidation et qui veut faire verser chez un autre Agent de change, peut disposer des fonds au moyen d'un chèque tiré sur son Agent de change et visé par celui-ci. Ce chèque n'est valable que s'il est tiré au profit d'un autre Agent de change.

ART. 68.

La Chambre syndicale peut décider que les livraisons en liquidation, pour les valeurs essentiellement nominatives, s'effectuent par des transferts d'ordre à ses noms, et, pour les Rentes françaises, en inscriptions à son compte-courant.

CHAPITRE IV

**Dispositions spéciales aux Négociations judiciaires
ou forcées.**

Art. 69.

Les enchères prévues par l'art. 70 du décret du
7 octobre 1890 se font au parquet des Agents de
change, à l'issue de la bourse, aux jours, heures
et conditions déterminés par la Chambre syndicale,
mais au plus tard dans un délai de huit jours, à
partir de la demande de négociation.

Nul ne peut enchérir ou surenchérir que par
ministère d'Agent de change.

Les surenchères sont reçues pendant un délai
minimum de vingt-quatre heures.

Un Adjoint au Syndic est chargé de la police
de la salle.

TITRE III

Cote

ART. 70.

Les deux parties du Bulletin de la Cote prévues à l'art. 80 du décret du 7 octobre 1890 sont publiées séparément (1).

ART. 71.

Des délibérations de la Chambre syndicale déterminent les valeurs qui seront cotées au comptant seulement à la partie officielle de la Cote et celles qui y seront cotées au comptant et à terme.

ART. 72.

La quotité des variations des cours des marchés au comptant et à terme est déterminée par des délibérations de la Compagnie des Agents de change sur la proposition de la Chambre syndicale.

ART. 73.

Il ne peut être fait de rectifications, après la publication de la Cote, que pour les cours omis. Ces rectifications doivent être autorisées par les Adjoints de service.

Elles ne peuvent pas modifier le cours moyen du jour auquel elles se rapportent.

---

(1) Art. 80 du décret du 7 octobre 1890.

Ce cours moyen est définitif ; il ne peut être modifié que dans le seul cas d'une erreur matérielle, après qu'elle a été soumise à l'examen des Adjoints de service.

ART. 74.

Les rachats et reventes officiels peuvent se traiter même à des cours non cotés ; il en est de même des négociations de valeurs comportant, soit un avantage particulier, soit une charge déterminée, qui sont effectuées avec conventions particulières.

ART. 75.

Une Commission désignée chaque année par la Chambre syndicale est spécialement chargée, sous sa surveillance, de la préparation de la cote des changes et des matières d'or et d'argent.

Paris, le 3 décembre 1891.

*Le Syndic de la Compagnie
des Agents de change,*

A. HART.

Approuvé :

Le Ministre des Finances,

ROUVIER.

Paris. — Imprimerie E. ROSSLER, 42, rue de Bourgogne.